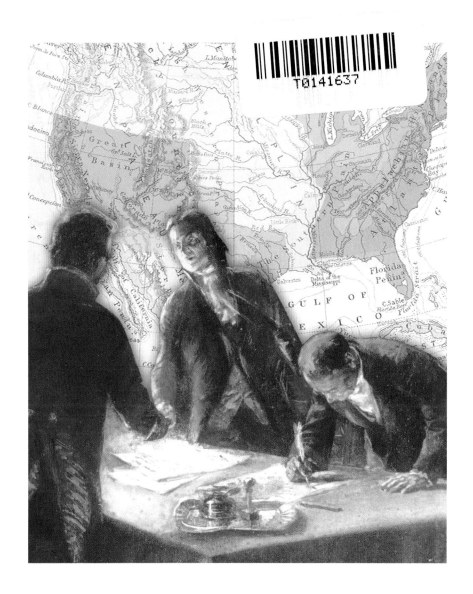

Expansión
de la nación

Jill K. Mulhall, M. Ed.

Índice

Un país joven se expande

Estados Unidos no era un lugar muy grande a comienzos del siglo XIX. Los 16 estados del país estaban ubicados en una estrecha franja de tierras en el Este. Ninguno de ellos estaba más allá del río Misisipi. El país estaba conformado por menos de un millón de millas cuadradas.

Para finales de siglo, Estados Unidos era una potencia mundial. Controlaba más de tres millones de millas cuadradas.

▼ Este mapa muestra cómo creció Estados Unidos durante el siglo XIX.

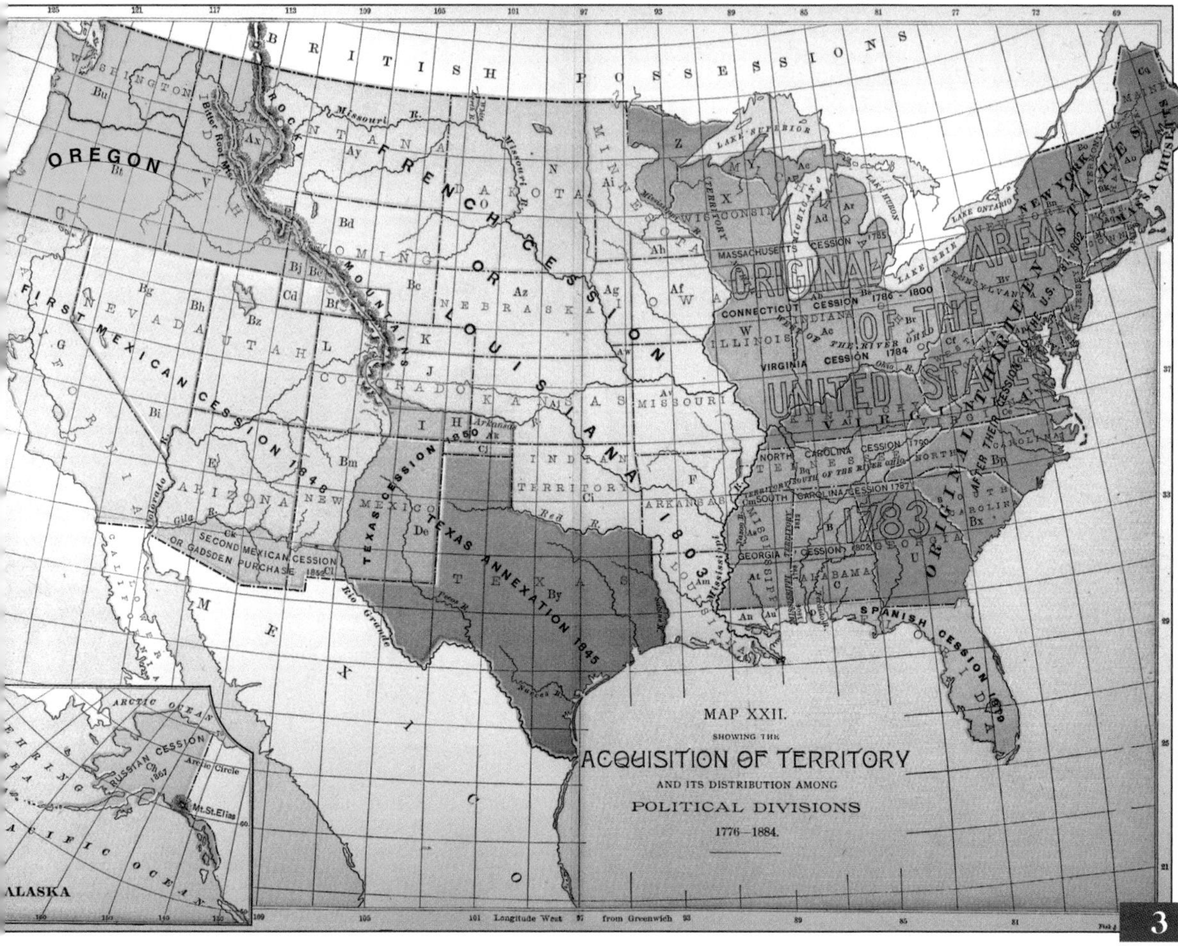

MAP XXII.

SHOWING THE

ACQUISITION OF TERRITORY

AND ITS DISTRIBUTION AMONG

POLITICAL DIVISIONS

1776–1884.

Apropiación de tierras nuevas

Estados Unidos comenzó el siglo XIX como una nación pequeña y nueva. Para comienzos del siglo XX, era muy diferente. Se extendía desde el océano Atlántico hasta el océano Pacífico.

Estados Unidos obtuvo tierras nuevas de diferentes maneras. Algunas veces compró tierras a otros países. Políticos y **diplomáticos** hicieron tratos que ayudaron a que Estados Unidos creciera. Otras veces, el país entró en guerra y tomó tierras por la fuerza. Estos **territorios** llegaron a costa de vidas, no solo de dólares.

¿Quién hace un tratado?

Un tratado es un acuerdo entre dos naciones. Puede poner fin a una guerra. También puede ser un acuerdo para comprar tierras. El presidente de Estados Unidos puede hacer tratados por sí mismo. Luego, el Senado los debe aprobar. La Cámara de Representantes también debe aprobar cualquier tipo de tratado que involucre dinero.

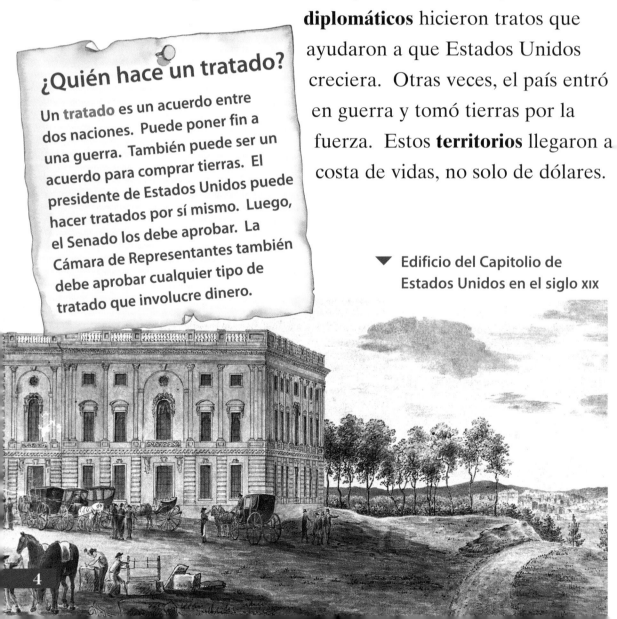

▼ Edificio del Capitolio de Estados Unidos en el siglo XIX

Las tierras nuevas trajeron oportunidades para los **ciudadanos** estadounidenses. Descubrieron que las tierras tenían valiosos **recursos naturales**. Por ello, pudieron comerciar con muchos más países.

▼ Esta pintura muestra algunas de las maneras en que los estadounidenses se expandieron del Este al Oeste.

Destino manifiesto

Algunas personas creían que Estados Unidos no debía continuar expandiéndose hacia el oeste. Después de todo, otras personas, como los indígenas norteamericanos, ya vivían allí. Otros argumentaban que Estados Unidos tenía derecho a todas las tierras de "mar a mar radiante". Decían que Estados Unidos era especial. Tenía un derecho otorgado por Dios para controlar el continente. Llamaron a esta idea destino manifiesto.

Las tierras que nadie quería

En 1775, los colonos de América del Norte entraron en guerra con Gran Bretaña para ganar su independencia. Pero los británicos no eran los únicos que poseían tierras en el Nuevo Mundo. Otros gobernantes europeos también enviaron exploradores a reclamar tierras en América del Norte.

En 1682, un grupo de exploradores franceses reclamó una enorme área de tierra en el Oeste. Comenzaba en el golfo de México y se extendía hacia el norte. Llamaron a este territorio Luisiana por su rey, Luis XIV. Los franceses no creían que estas tierras fueran valiosas. Solo algunos colonizadores franceses fueron a vivir allí.

Un líder poderoso

Napoleón Bonaparte llegó al poder en Francia en 1799. Era **dictador** y no escuchaba la opinión de nadie. Napoleón quería dominar el mundo entero. Llevó a su ejército a muchas guerras. Tuvo éxito durante años. Pero al final, llevó a los soldados franceses demasiado lejos. Para 1814, su ejército había sido derrotado.

Napoleón Bonaparte

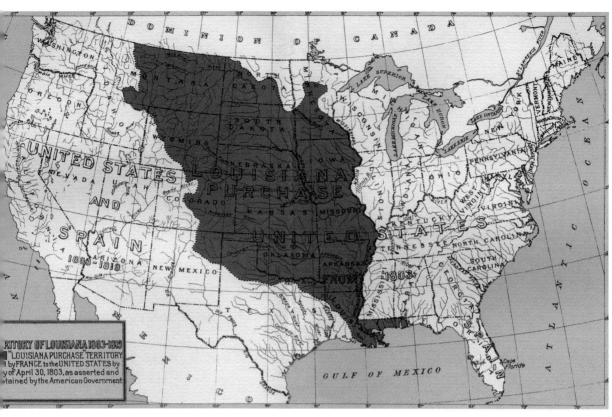

Este mapa muestra lo grande que era el territorio de Luisiana.

Entonces, el rey de Francia le dio Luisiana a España a cambio de su ayuda en una guerra contra Gran Bretaña. Pero en el siglo XIX, España se la devolvió a Francia. Nadie creía que esas tierras fueran valiosas. Entonces no se preocuparon por tenerlas.

Mentiroso, mentiroso

Napoleón consiguió que España devolviera Luisiana a Francia. Napoleón dijo al rey Carlos IV de España que crearía un nuevo país en Italia. Dijo que la hija y el yerno de Carlos podrían gobernar las nuevas tierras. A cambio, el rey español devolvió Luisiana a Francia. Pero Napoleón había mentido. Nunca le dio las tierras italianas a España.

Más de lo que habíamos negociado

Los franceses enojaron a muchas personas cuando se apoderaron de Luisiana nuevamente en el siglo XIX. Dijeron a los estadounidenses que ya no podían usar el río Misisipi. Los comerciantes usaban este río para transportar mercancías hacia el Sur. Los franceses también prohibieron que los estadounidenses almacenaran mercancías en la ciudad de Nueva Orleans.

Thomas Jefferson se convirtió en el tercer presidente de los Estados Unidos en 1801. Él sabía que Napoleón tenía un gran ejército. Jefferson temía que Francia enviara soldados a Luisiana.

Firma de la compra de Luisiana ▶

¿Por qué vendió?

Napoleón tenía muchos motivos para vender Luisiana. Necesitaba dinero para realizar sus guerras. Además, tampoco quería preocuparse por un territorio que estaba tan lejos de Francia. Quería brindar toda su atención a Europa.

◄ Estados Unidos toma el control de Nueva Orleans.

Algunas personas en Estados Unidos comenzaron a decir que el país debería entrar en guerra contra Francia. Incluso sugirieron que Gran Bretaña luchara con ellos. Jefferson quería evitar una guerra. Envió dos diplomáticos a Francia para ofrecer comprar Nueva Orleans.

Los hombres se sorprendieron cuando llegaron a Francia. ¡Los franceses ofrecieron vender no solo Nueva Orleans, sino toda Luisiana!

Los estadounidenses ofrecieron ocho millones de dólares por el territorio. Los franceses dijeron que querían quince millones. Luego de algunas conversaciones, los dos estadounidenses aceptaron. Firmaron la compra de Luisiana el 30 de abril de 1803.

Duplicación del país por una ganga

Jefferson se entusiasmó mucho cuando supo sobre el tratado de la compra de Luisiana. Había soñado con agrandar Estados Unidos. De repente, ¡tenía el doble de tamaño!

A algunas personas del país les preocupaba que el territorio fuera demasiado costoso. Pero la Cámara de Representantes y el Senado aprobaron la venta.

Los españoles se enojaron al saber lo que había sucedido. Supieron que Napoleón los había engañado para tomar control de Luisiana. Acusaron a Estados Unidos de comprar tierras robadas. Jefferson dijo a los líderes españoles que esta pelea era entre Francia y España. Estados Unidos no se involucraría. España se echó para atrás. No quería luchar contra la poderosa Francia.

Estados Unidos tomó control de Luisiana el 20 de diciembre de 1803. Fue un día emocionante para el país.

Mucho más que Luisiana

A veces, cuando pensamos en el territorio de Luisiana, nos confundimos con el estado de Luisiana. Pero el territorio era mucho, mucho más grande. De hecho, las tierras finalmente conformaban todo o parte de 14 estados diferentes.

Estados Unidos tenía casi 828,000 millas cuadradas (cerca de 2 millones de km cuadrados) de tierras nuevas para explorar. Estados Unidos había comprado estas tierras por una ganga de cerca de cuatro centavos por acre. Muchos lo llaman la transacción inmobiliaria más grande de la historia.

Meriwether Lewis

William Clark

El Cuerpo de Descubrimiento

Jefferson quería saber todo sobre las nuevas tierras de Estados Unidos. Por ello, envió hombres a una **expedición**. Viajaron por el territorio de Luisiana. Después, volvieron e informaron de todo lo que habían visto. Un hombre llamado Meriwether Lewis dirigió el grupo. Su amigo William Clark se le unió. Este viaje ayudó a que los estadounidenses conocieran el Oeste.

Defensa del continente

Estados Unidos no era el único país que experimentaba cambios en el siglo XIX. España controlaba muchas tierras en América Central y América del Sur. Las personas de estos países comenzaron a desear su libertad. Para 1821, la mayoría había declarado la independencia de España. Los estadounidenses querían apoyar a estas nuevas naciones. Comprendían lo difícil que era comenzar un nuevo país.

En cambio, los europeos no brindaron su apoyo. Había rumores de que los países europeos se unirían. Entonces, atacarían a las naciones nuevas. Si Estados Unidos apoyaba a estas naciones, también estaría en peligro.

▼ Los líderes del gobierno, entre ellos James Monroe, analizaron la doctrina Monroe.

Palabras poco populares

Los estadounidenses estaban muy orgullosos de la doctrina Monroe. Pero no fue muy popular en todos lados. A los pequeños nuevos países no les agradó que su vecino del norte fuera tan mandón. Los países europeos pensaron que era un anuncio absurdo. Sabían que podían dominar Estados Unidos si lo deseaban. Esta doctrina ha resistido el paso del tiempo. Estados Unidos todavía sigue esta política en la actualidad.

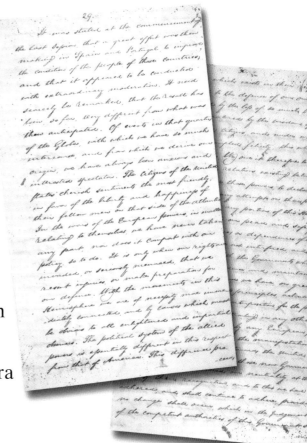

▼ La doctrina Monroe

El presidente James Monroe decidió hacer una fuerte declaración al mundo. El 2 de diciembre de 1823, pidió al Congreso que aprobara una nueva política. Esta política se conoció como la **doctrina** Monroe.

La doctrina Monroe tenía dos puntos principales. Primero decía que las naciones del continente americano eran "libres e independientes". Esto significaba que deberían ser respetadas por las naciones europeas. El segundo punto era que ningún país extranjero podía establecer colonias en el continente americano.

Estados Unidos todavía era un país joven. Sin embargo, su presidente le decía al mundo que los estadounidenses podrían protegerse a ellos mismos y a sus vecinos.

Los estadounidenses avanzan hacia Texas

El general Antonio López de Santa Anna

México obtuvo su independencia de España en 1821. Este enorme país era aún más grande que Estados Unidos en ese momento.

El gobierno mexicano decidió permitir que los estadounidenses avanzaran sobre el territorio de Texas. El gobierno esperaba que los estadounidenses construyeran ciudades y lo ayudaran a poblar las tierras. Miles de estadounidenses llegaron a México. Les gustaba la idea de una nueva tierra donde podrían encontrar aventura y fortuna.

Para la década de 1830, había más estadounidenses que mexicanos en Texas. Muchos colonizadores estadounidenses no pagaban impuestos al gobierno mexicano. Otros tenían esclavos, aunque las leyes mexicanas no lo permitían.

El presidente mexicano era el general Antonio López de Santa Anna. Era un líder muy poderoso y fuerte. Se rehusó a permitir que los colonizadores ignoraran las reglas de México. Entonces, anunció que los estadounidenses ya no podrían ir a Texas.

Esto hizo que los estadounidenses de Texas se enojaran. En 1836, declararon que Texas ya no era parte de México. Llamaron a su nuevo país la República de Texas.

Los texanos esperaban convertirse en parte de Estados Unidos cuanto antes. Sam Houston se dirigió al presidente Andrew Jackson para alentarlo a **anexar** Texas. Pero Jackson no quiso. Temía que México declarara la guerra a Estados Unidos.

La bandera de la estrella solitaria

La nueva República de Texas necesitaba una bandera. Diseñaron una donde había una sola estrella. Esta bandera dio al territorio un nuevo apodo, la República de la Estrella Solitaria. En la actualidad, es la bandera del estado de Texas.

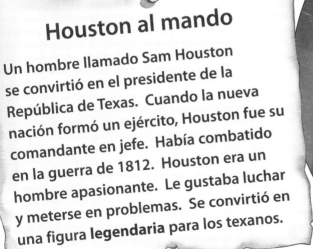

Houston al mando

Un hombre llamado Sam Houston se convirtió en el presidente de la República de Texas. Cuando la nueva nación formó un ejército, Houston fue su comandante en jefe. Había combatido en la guerra de 1812. Houston era un hombre apasionante. Le gustaba luchar y meterse en problemas. Se convirtió en una figura **legendaria** para los texanos.

Sam Houston

Recuerden El Álamo

El líder mexicano, Santa Anna, no permitiría que Texas quedara fuera de México tan fácilmente. Dirigió miles de soldados hasta Texas. El ejército mexicano rodeó un grupo de aproximadamente 182 texanos en San Antonio en El Álamo.

Los texanos se negaron a rendirse. Resistieron durante 12 días. Finalmente se quedaron sin **municiones**.

Los mexicanos atacaron el fuerte. Los persiguieron de habitación en habitación. Los texanos lucharon arduamente con las culatas de los rifles, cuchillos e incluso sus puños. Pero los mexicanos mataron a cada uno de ellos.

Este es El Álamo como está hoy.

Un poco más tarde, los mexicanos rodearon a cientos de texanos en un fuerte llamado Goliad. Nuevamente, mataron a todos y cada uno de los texanos.

Los texanos se entrenaron arduamente. Mientras tanto, los mexicanos se descuidaron. Creían que ya habían ganado la guerra. El 21 de abril de 1836, los soldados mexicanos estaban descansando fuera de la ciudad de San Jacinto. De repente, Sam Houston y 900 texanos los atacaron. En menos de 20 minutos, los texanos capturaron o mataron a todos los mexicanos.

Los texanos también capturaron a Santa Anna que trataba de escapar. Lo tomaron prisionero. Aceptó dar a Texas su independencia a cambio de su vida.

Palabras inspiradoras

Los texanos estaban muy enojados por las batallas de El Álamo y Goliad. Pensaban que los mexicanos deberían haber tomado prisioneros, en lugar de matarlos a todos. Los soldados comenzaron a decir: "Recuerden El Álamo" para inspirarse entre sí.

▲ El valle del río Grande

Nueva guerra contra México

Después de la guerra, ambos lados estaban en desacuerdo sobre la frontera entre Texas y México. Los mexicanos pensaba que Texas finalizaba en el río Nueces. Pero los texanos decían que ellos eran los dueños de las tierras hasta el río Grande. Est frontera haría que Texas fuera el doble de grande.

En 1845, Estados Unidos se preparó para hacer de Texas el 28.° estado. El presidente James Polk envió soldados a la frontera de Texas en caso de que hubiera problemas. El general Zachary Taylor los dirigió. Los soldados avanzaron hacia el área cercana al río Grande. Los estadounidenses la consideraron parte de su país. Los mexicanos pensaban que les pertenecía a ellos.

Los soldados mexicanos atacaron y mataron a algunos estadounidenses. El presidente Polk fue al Congreso. Manifestó que los mexicanos habían matado soldados "en suelo estadounidense". Esto no era del todo cierto. Pero funcionó. El Congreso votó para declarar la guerra a México en mayo de 1846.

Viejo Zack

Zachary Taylor fue un valiente líder. Tenía 62 años de edad cuando fue a México. Usaba un viejo y desgastado uniforme y un sombrero de paja grande. Sus hombres lo adoraban. Lo llamaban "El viejo duro y dispuesto". Taylor se convirtió en un famoso héroe de la guerra con México. Más adelante, se convirtió en el 12.° presidente de Estados Unidos.

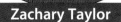
Zachary Taylor

▲ El general Winfield Scott y sus tropas entran a la Ciudad de México.

Hacia el Sur para ganar la guerra

El general Taylor y sus hombres combatieron a lo largo del norte de México durante meses. Los mexicanos eran valientes combatientes. Pero no ganaron ninguna batalla. Pronto, los estadounidenses tomaron las capitales de tres estados mexicanos.

A comienzos de 1847, el presidente Polk decidió cambiar de estrategia. Envió soldados estadounidenses hacia el sur de México. Quería que conquistaran la Ciudad de México, la capital. Creía que era la única manera de que México se rindiera.

El general Winfield Scott estaba a cargo de esta nueva misión. Los estadounidenses tenían esperanzas de que los mexicanos se rindieran. Pero México se negaba a aceptar que el río Grande fuera la frontera de Texas.

Después de muchos meses, los estadounidenses llegaron a la capital mexicana. El ejército de Scott atacó la Ciudad de México el 13 de septiembre de 1847. Tomaron la ciudad esa noche. Al día siguiente, un grupo de líderes mexicanos se rindió ante Scott.

Negociar un tratado tomó muchos meses. Finalmente, en febrero de 1848 ambos lados firmaron el Tratado de Guadalupe Hidalgo. Los estadounidenses pagaron a México $15 millones por sus tierras.

La compra de Gadsden

mpresarios estadounidenses querían onstruir una línea de ferrocarril que e extendiera a lo largo del continente. n 1853, un especialista en errocarriles llamado James Gadsden ue a México. Preguntó si Estados Unidos podía comprar una gran área a lo largo del sur de Arizona y Nuevo México. Sería un buen lugar donde tender la línea de ferrocarril. México estaba desesperado por dinero. El gobierno aceptó vender las tierras por $10 millones.

La última frontera

Para la década de 1860 parecía que Estados Unidos había crecido tanto como podía. El país se extendía de océano a océano. Pero un hombre siguió trabajando para que Estados Unidos fuera más grande. William Seward fue el secretario de estado de los presidentes Abraham Lincoln y Andrew Johnson. Le entusiasmaba ayudar a que Estados Unidos creciera.

Rusia había controlado Alaska desde el siglo XVIII. Las tierras parecían tener poco valor. Eran difíciles de usar o defender, ya que estaban muy lejos de todo. Seward negoció un trato con los rusos. Estados Unidos pagaría $7.2 millones por Alaska. Esto se calculó en alrededor de dos centavos por acre para un área el doble de grande que Texas.

▼ Garantía de hacienda para la compra de Alaska

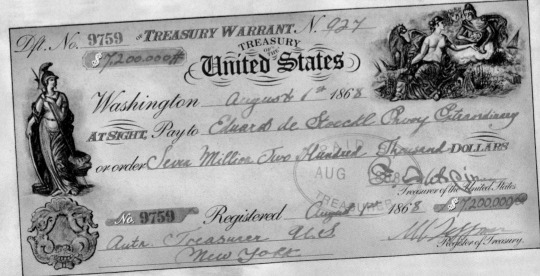

Muchas personas se burlaron del plan de Seward. Pensaban que Alaska no tenía ningún valor. Algunos llamaron el trato la "Locura de Seward". Seward tuvo que trabajar muy duro para que el Congreso aprobara el trato. El Senado lo aprobó solo por un voto de diferencia.

En 1898, se descubrió oro en Alaska. Las tierras además tenían otros valiosos recursos como carbón, cobre, petróleo y madera. Alaska resultó valer miles de millones de dólares para Estados Unidos.

Con la incorporación de Alaska, Estados Unidos triplicó su tamaño en menos de 70 años. Los colonizadores estadounidenses continuaron avanzando hacia el oeste. Las tierras silvestres de antes proporcionaron oportunidades para millones de personas. La joven nación de Estados Unidos pronto fue una de las más ricas del mundo.

William Henry Seward

Seward se rió al último

El primer yacimiento de petróleo se descubrió en Alaska en 1968. Las compañías petroleras excavaron pozos y los pusieron a funcionar. Luego, construyeron un oleoducto para transportar el petróleo. El primer envío llegó a través del oleoducto el 28 de julio de 1977. Ese envío se avaluó en exactamente 7.2 millones de dólares.

Glosario

anexar: tomar una nueva parte de tierra y añadirla a un país que ya existe

ciudadanos: personas que son leales a un país y a cambio reciben protección de este

dictador: un gobernante que toma todas las decisiones por sí mismo y no considera las opiniones de otras personas

diplomáticos: personas que representan el gobierno de su país ante los gobiernos de otras naciones

doctrina: una declaración de la política gubernamental

expedición: un viaje que realizan las personas con un objetivo particular en mente

legendaria: algo o alguien que es muy famoso y que se conoce durante años

municiones: suministro de balas y proyectiles para pistolas y cañones

negociar: discutir con el fin de llegar a un acuerdo sobre algo

oleoducto: serie de tubos que se usan para mover líquido de un lugar a otro

recursos naturales: cosas que los seres humanos necesitan que provienen de la tierra y el mar

territorios: áreas de tierra controladas por un país, pero fuera de las fronteras de ese país

tratado: un acuerdo entre países para poner fin a una guerra